ÉTUDE

SUR LA PREMIÈRE ÉPOQUE

DE

L'ART FRANÇAIS

ET SUR

LES MONUMENTS DE FRANCE

LE PLUS PRÉCIEUX À CONSERVER

PAR

C. Charles CABATI DE CASATIS

Conseiller honoraire à la Cour de Paris,

Ancien élève de l'École des Chartes,
Associé corr. des Antiquaires de France,
Membre de la Société française d'archéologie

PARIS

ERNEST LEROUX | ALPHONSE PICARD & FILS
Éditeur | Éditeurs
Rue Bonaparte | Rue Bonaparte, 82

1899

ÉTUDE

SUR LA PREMIÈRE ÉPOQUE

DE

L'ART FRANÇAIS

ET SUR

LES MONUMENTS DE FRANCE

LES PLUS PRÉCIEUX A CONSERVER

PAR

C. Charles CASATI DE CASATIS

Conseiller honoraire à la Cour de Paris,

Ancien élève de l'École des Chartes,
Associé cor[t] des Antiquaires de France,
Membre de la Société française d'archéologie.

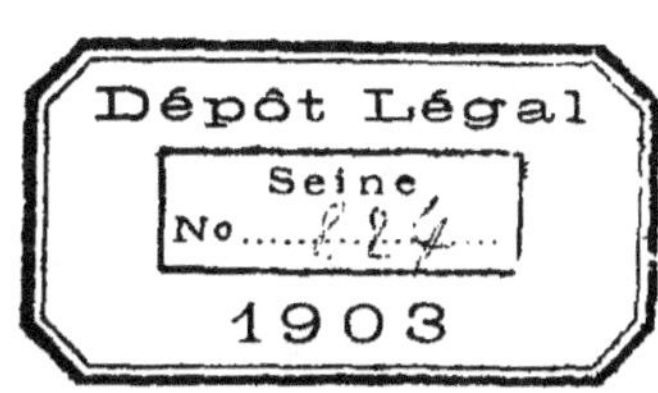

PARIS

ERNEST LEROUX	ALPHONSE PICARD & FILS
ÉDITEUR	ÉDITEURS
28, rue Bonaparte	Rue Bonaparte, 82

1899

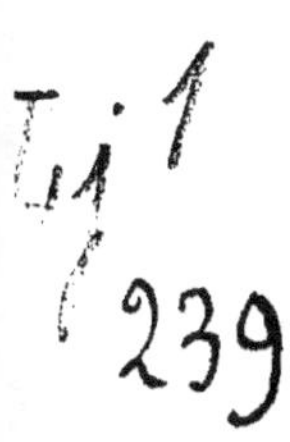

ÉTUDE

SUR LA PREMIÈRE ÉPOQUE

DE

L'ART FRANÇAIS

INEXACTEMENT CONFONDUE AVEC LA RENAISSANCE

Cette étude ne porte pas sur l'art religieux. L'art religieux français a été étudié, défini et analysé dans de savants livres[1], il est ou roman ou gothique, mais n'est point spécial à la France seule : l'architecture gothique est commune à l'Allemagne, à l'Angleterre, à l'Espagne, à l'Italie même où elle compte de très beaux monuments.

L'art chrétien a trouvé sa plus haute expression au moyen âge dans les magnifiques cathé-

---

1. Outre les grands ouvrages devenus classiques de Viollet-le-Duc, de Caumont, Quicherat, l'on peut citer dans ces derniers temps plusieurs publications savantes, notamment de MM. de Lasteyrie, de Marsy, Lefebvre-Pontalis, Enlart, etc.

drales gothiques; l'on peut discuter si la cathédrale de Reims est supérieure à celles d'Amiens
et de Bourges, à Notre-Dame de Paris ou à Saint-
Ouen de Rouen, mais l'on est forcé de recon-
naître que ces chefs-d'œuvre n'ont pas été dépas-
sés par des monuments d'autres époques[1].

Si la France est couverte de chefs-d'œuvre de
l'art gothique qui ont été très justement étudiés
et appréciés, elle ne possède au contraire que
peu de monuments religieux de la Renaissance;
après la Renaissance, l'architecture religieuse a
adopté un type inspiré par Saint-Pierre de Rome
et l'église del Jesu, et cette architecture, dite des
Jésuites, a produit un grand nombre de monuments estimés en général assez médiocres.

Ce style a prédominé jusqu'au commencement du siècle où l'on a imaginé de donner aux
églises la forme des temples grecs ou romains, et
l'architecture religieuse moderne n'a fait des progrès depuis qu'elle a abandonné ce type malheu-
reux, qu'en cherchant ses inspirations dans l'an-

---

1. L'on peut seulement leur comparer, en Italie, le dôme de
Milan, Saint-Pierre de Rome, Saint-Marc de Venise, et surtout,
au point de vue de l'art gothique, les cathédrales de Sienne et
d'Orvieto.

cien art français et en renonçant à produire des copies de l'art grec absolument déplacées dans nos climats du Nord.

L'architecture civile, objet de cette étude, a eu une destinée toute différente de l'architecture religieuse, et c'est au moment où celle-ci s'efface, que l'art civil prend son plus grand développement, c'est au moment où l'art gothique disparaît, que prend naissance l'art français, que se développe un style d'architecture qui n'est plus comme le style gothique, commun à toutes les nations voisines, qui a produit des chefs-d'œuvre merveilleux, des milliers de châteaux, monuments, maisons, hôtels de particuliers, qui n'a pas été suffisamment étudié et analysé, qui constitue l'art exclusivement français et que souvent à tort on confond avec la Renaissance laquelle présente des caractères tout différents.

L'expression Renaissance ne veut rien dire, si l'on n'y joint son complément : de l'art antique ; la Renaissance est un retour vers l'art antique, et l'époque que nous étudions n'est point du tout cela, c'est même tout le contraire : l'art de la première époque, l'art exclusivement français qui se développe en France après l'art gothique, forme un contraste absolu avec l'art antique; ses principes et ses procédés sont tout différents de l'antique; sa technique, comme on dit aujourd'hui, est tout autre.

Il n'est pas inutile de protester contre cette erreur qui court les livres, les écoles, les salons, et qui ne se justifie en aucune façon si ce n'est par une confusion de date. L'on attribue en général à la Renaissance tous les monuments de l'art français qui appartiennent à l'époque de transition entre l'art gothique et la Renaissance, tous ces chefs-d'œuvre de Chambord, Chenonceaux, Azay-le-Rideau, Ussé, Meillant et autres monuments merveilleux de cette époque, beaucoup moins connus, mais non moins remarquables que Ducerceau appelle les plus excellents monuments de France; c'est absolument inexact, car ces monuments n'ont rien de la Renaissance[1], c'est-à-dire de l'art antique.

Pour s'en convaincre, il suffit de mettre en face l'un de l'autre un monument de l'art français et un monument de la Renaissance : rien n'est

1. C'est plutôt en réalité la naissance de l'art français, plus grand dans sa jeunesse qu'à son déclin !

plus différent, plus opposé, plus antipathique [1].

Le style de la Renaissance proprement dite[2] s'est formé sur cette terre italienne où les traditions de l'antiquité n'ont jamais été effacées ; c'est en Italie qu'elle compte ses plus illustres représentants, ses maîtres, Bramante, San Gallo, Peruzzi, les auteurs des œuvres les plus admirées ; Michel-Ange, Raphaël (palais Pandolfini à Florence); sans oublier les maîtres qui ont suivi, Palladio[3], Sansovino, Vignole, San Micheli, Scamozzi, Longhena, le Bernin lui-même, l'auteur de la merveilleuse colonnade de Saint-Pierre, etc., etc.; sans oublier non plus les maîtres des maîtres, les pères de la Renaissance, Alberti et Brunelleschi. Ces artistes ont couvert l'Italie de chefs-d'œuvre de l'art innombrables, mais ces chefs-d'œuvre, pour lesquels l'auteur a beaucoup d'admiration, présentent des caractères tout différents des chefs-d'œuvre de l'art français et ne

1. Comparer les deux photographies de monuments jointes à cette étude.

2. Voir à ce sujet l'ouvrage savant et si complet de M. E. Muntz, après lequel il ne peut rester rien à dire : *Histoire de l'art, la Renaissance italienne*, 3 gros volumes in-4, Hachette.

3. Quel merveilleux artiste que Palladio pour les dessins de palais et de ponts d'aspect monumental!

leur sont pas supérieurs. Pour s'en rendre compte, il suffit de comparer les chefs-d'œuvre reconnus de la Renaissance aux chefs-d'œuvre de l'art français, soit le palais de la Cancelleria de Bramante, soit le palais Farnèse de San Gallo[1], soit le palais Massimi de Peruzzi, aux palais français ou plutôt châteaux de Chambord et de Chenonceaux ou d'Azay-le-Rideau. On est forcé de constater que ces monuments appartiennent à deux écoles absolument différentes. Dans les monuments de la Renaissance, l'on remarque une régularité, une symétrie, une conception froide, dérivée de l'art antique, une grande sobriété d'ornementation ; la ligne droite domine partout. Dans les monuments français, au contraire, aucune régularité ni symétrie, tout est livré à la fantaisie. Tandis que dans la Cancelleria et le palais Farnèse l'ornementation se réduit à un fronton triangulaire ou à un fronton cintré au-dessus des fenêtres, à une arcade ou à un pilastre finement dessiné, mais produisant un effet harmonique dans l'ensemble ; dans les constructions d'art français l'on trouve de l'ornementation partout,

1. Achevé par Michel-Ange.

souvent surtout aux endroits où l'on ne s'attend pas à la trouver, sur les cheminées, sur les lucarnes, par exemple; il n'y a ni harmonie, ni symétrie, ni correction, et l'effet d'ensemble est merveilleux. Les constructions de cette première époque de l'art français ont souvent conservé l'aspect imposant d'un château féodal, mais d'un château couvert de sculptures, elles sont imposantes par leur masse, étonnantes par la fantaisie d'imagination et séduisantes par la finesse et la richesse des détails; dire qu'elles appartiennent à la Renaissance, c'est dire un contresens; elles n'ont rien, absolument rien de l'art antique, de l'art classique correct et ennuyeux, remarquable par la sobriété, l'on pourrait presque dire la pauvreté de l'ornementation, modèle du reste bien approprié aux grandes constructions actuelles à bon marché. L'on a fait dans ces dernières années, en France, en Amérique, en Angleterre et partout, plus de vingt mille constructions sur le modèle des façades des chefs-d'œuvre de Bramante et de San Gallo, et personne ne songe à les admirer [1].

1. Les œuvres de la Renaissance italienne, c'est la perfection, mais une perfection peut-être trop vertueuse et irrépro-

Dans les monuments de l'art français de la première époque il y a au contraire une exubérance d'imagination, une débauche de fantaisie qui peut quelquefois prêter à la critique. Un ancien auteur a dépeint assez heureusement le caractère de ces palais enchantés, et certes dans cette description il n'y a rien d'analogue à l'art antique ni à la Renaissance : dans ces « castels fleuronnés, blasonnés, flanqués d'arabesques, ornés de cariatides, et tout couronnés de balconnades avec enjolivations dorées jusqu'au haut du faiste ez pavillons et tourillons d'yceux chasteaux ».

Le plan de ces châteaux est souvent conforme au plan des forteresses de la féodalité, ce sont souvent des édifices rectangulaires défendus et ornés à la fois par de grosses tours qui leur donnent un aspect imposant et dont les surfaces extérieures, au lieu de n'être percées que d'étroites meurtrières, présentent de larges et hautes fenêtres décorées avec une grande richesse. Comme les architectes sont des tailleurs de pierre ou des tailleurs d'images, c'est-à-dire des sculpteurs, ils ne négligent point d'étaler leur talent et d'en faire

chable, qui n'a pas le charme des œuvres moins régulières de l'art français.

ressortir le mérite sur les choses les plus ingrates, les plus rebelles à l'ornementation artistique, sur des lucarnes ou des tuyaux de cheminée, qui se trouvent transformés en parures pour le faîte des monuments, et il n'y a pas un seul monument de ce genre, il y en a des milliers, palais, comme le palais de justice de Rouen et celui de Bourges, châteaux comme celui de Meillan, de Châteaudun (façade de Dunois), de Nantes (cour intérieure), de Maintenon, d'Ussé, de Montsoreau, de la Côte, de Montrésor, de Luynes[1] et de la Rochefoucauld pour certaines parties, comme le château de Jousselin des Rohan en Bretagne, le beau château du Lude construit par Jean de Daillon en 1467, etc., hôtels comme l'hôtel de Cluny, l'hôtel de Sens, l'hôtel des consuls de Riom, aujourd'hui consacré à l'épicerie, l'hôtel du Bourgtheroude à Rouen, les hôtels de Vogué et de Mimeure à Dijon, l'hôtel d'Anjou, le logis Barrault à Angers, l'hôtel Goin à Tours, l'hôtel dit de Diane de Poitiers à Orléans, l'hôtel de Robertet à Blois, l'hôtel de ville et l'hôtel

---

1. Pour le château de Luynes, la façade à droite de la tourelle sur la cour, construite à la fin du xve siècle ; pour le château de la Rochefoucauld, toute l'élégante partie construite par le tailleur d'ymaiges Antoine Fontant, de 1528 à 1538.

dit d'Henri II à la Rochelle, les hôtels du Vieux-Raisin et du lycée de Toulouse, les hôtels de ville de Saint-Quentin, de Compiègne, de Noyon, de Beaugency, l'hôtel de la Prévôté à Poitiers, etc., maisons de particuliers comme la maison dite d'Agnès Sorel à Orléans, et une quantité d'autres maisons à Orléans, Blois, Tours, Dijon, Angers, le Mans, Montferrant, Moulins, Rouen, Bourges, Chinon, Nogent-le-Rotrou, Chartres, etc., etc., maisons dont l'existence est menacée et dont on voit disparaître un grand nombre peu à peu[1].

1. Pour éviter cette destruction de monuments de l'art précieux et non classés comme monuments historiques, l'auteur a présenté un projet au ministère de l'Instruction publique, qui a été pris en considération et mis à l'étude. L'auteur se préoccupe particulièrement des monuments les plus menacés, ce sont ceux de la première époque de l'art français, les plus précieux monuments au point de vue artistique et historique ; ils ont aujourd'hui environ quatre cents ans d'existence, ils ont besoin d'être protégés à la fois contre le temps qui les mine et contre le goût du jour qui tend à les faire disparaître, et ils n'ont pas la solidité des monuments antérieurs, les constructions gothiques, qui sont beaucoup plus lourdes et plus résistantes, dont les murailles ont une beaucoup plus grande épaisseur, un mètre au moins, souvent deux ou trois mètres, tandis que les murailles des hôtels des particuliers ou maisons du xve siècle ont souvent à peine cinquante centimètres d'épaisseur et présentent une surface couverte d'ornements sculptés, friables et fragiles. Voici ce que dit le *Journal des Débats* sur le projet de l'auteur (à la date du 25 avril 1898) :

Tous ces chefs-d'œuvre, remarquables à la fois
par la variété du plan d'ensemble et par la finesse

« Nous avons parlé précédemment d'une proposition de M. le
conseiller Casati tendant à la création, dans chaque arrondis-
sement, de comités archéologiques se rattachant à un comité
central établi au ministère, avec mission de dresser l'inventaire
monumental de la France[1] et de protéger contre la destruction
tous les monuments remarquables du passé. Une commission,
composée de M. de Barthélemy, de Villefosse, Bertrand, Müntz
et de Lasteyrie, avait été chargée par le ministre d'examiner
cette proposition. Son rapport, qui sera probablement publié
dans le *Bulletin* du ministère, approuve le principe du projet
de M. Casati, seulement, il indique quelques difficultés d'appli-
cation et met la question à l'étude. Nous souhaitons que cette
proposition aboutisse, les difficultés que présente son exécution
devant céder devant l'intérêt national de conservation des monuments de l'art français.

« Comme le reconnaît le rapport de la commission, cette
proposition est le complément de la loi sur la conservation des
monuments historiques; il y a des départements qui ne
comptent que sept ou huit monuments classés comme monuments, tandis qu'il y a des centaines de monuments remarquables précieux à conserver. L'institution de ces comités
archéologiques aurait pour résultat de répandre en France les
notions archéologiques et d'éclairer les municipalités et les po-
pulations sur la valeur des monuments qu'elles possèdent.

« L'archéologie française est très peu connue. Cela tient un
peu à ce que nous avons une Ecole d'archéologie grecque, une
Ecole d'archéologie latine, une Institution d'archéologie égyp-
tienne, et point d'institution d'archéologie française; l'Ecole
des Chartes seule s'en occupe, mais encore son enseignement,
limité à l'époque gothique, ne dépasse pas la date de 1450, et
c'est précisément à cette date que se développe, dans l'archi-

---

1. Fait par fiches séparées et non par gros registres.

des détails sont l'œuvre d'hommes de génie inconnus, tandis qu'au contraire tous les monuments de la Renaissance ont été élevés par des architectes célèbres, illustres même entre tous.

Bien que les monuments de la Renaissance française absolument analogues à ceux de la Renaissance italienne, comme eux inspirés par l'art

tecture civile, l'art français. Aucun pays, pas même l'Italie, ne peut citer des châteaux semblables à nos châteaux de la Loire, au palais de Jacques Cœur à Bourges, au palais de justice à Rouen et à tant d'autres chefs-d'œuvre de l'époque de transition entre le style gothique et la Renaissance. L'art gothique est commun à beaucoup d'autres pays; mais l'art de cette époque est spécial à la France et fait sa gloire, car le domaine de l'archéologie française est très vaste et brillant dès cette époque. Sans doute, la Renaissance avec Philibert Delorme, Bullant, Pierre Lescot, puis l'époque d'Henri IV et de Louis XIII, ensuite les règnes de Louis XIV, de Louis XV et de Louis XVI ont laissé partout de glorieux vestiges; mais, au point de vue artistique, l'époque la plus brillante a été cette époque de transition entre l'art gothique et la Renaissance qui a donné des monuments incomparables comme Chambord, la plus belle résidence royale qui existe. Toutes ces considérations ont leur importance, et le conseiller Casati n'a pas manqué de les faire valoir à l'appui de sa proposition, que nous espérons voir se réaliser dans l'intérêt de l'art français [1]. » (Voir aussi l'*Œuvre d'art*, n° du 5 juillet.)

[1]. En 1835, M. Guizot a demandé à une commission, dont Mérimée faisait partie, le catalogue de tous les monuments de la France. Mérimée déclare dans une lettre intime que c'est pour lui un embêtement. « En attendant, nous nous réunissons fréquemment pour blaguer, dit-il. Ce ne serait rien, mais il faut faire de menus rapports, c'est à mourir. » (*Revue de Paris*, 1898.)

antique, ne soient pas aussi purs de style, ils ont néanmoins leur mérite et ont servi de modèles aux grands architectes des époques suivantes. Si la Renaissance française n'a pas de noms à placer sur le même rang que Bramante, Brunelleschi, Michel-Ange, Raphaël, elle a aussi ses gloires ; il suffit de citer les noms des trois hommes en qui elle se résume : Philibert Delorme, Bullant, Pierre Lescot, et dont l'œuvre se résume presque dans trois monuments bien connus : les Tuileries, Écouen et le Louvre (bien entendu l'auteur n'entend parler que de la partie de ces monuments dont ils sont les auteurs), et, à côté de ces trois noms, l'on peut placer ceux de Jean Goujon, Germain Pilon et celui de du Cerceau, chef d'une dynastie de grands artistes[1].

A côté de ces grands noms de la Renaissance française et de la Renaissance italienne, l'art français à sa première époque, à cette époque si brillante, ne peut placer aucun nom d'architecte. Comme le remarque Viollet-le-Duc, le mot même

1. L'on a constaté récemment que l'escalier célèbre de la cour du Cheval-Blanc à Fontainebleau est l'œuvre de son petit-fils qui a élevé plusieurs hôtels remarquables de Paris.

d'architecte n'existait pas avant le xvie siècle, ou du moins n'était pas en usage, les grands architectes dont on a pu découvrir les noms s'intitulaient simplement « maistres massons, maistres d'œuvre, tailleurs d'ymaiges », car ils étaient en même temps sculpteurs, c'est le nom que prend Michel Colomb (né à Tours en 1430) : « Je Michaël Coulombe, dit-il, habitant de Tours et tailleur d'ymaiges du Roy nostre sire, tant en mon nom que es noms de Guillaume Regnault tailleur d'ymaiges, Bastyen François maistre masson et François Coulombe enlumineur, tous trois mes nepveux, confesse, prometz, etc. » (Archives du Nord).

Ce ne sont pas néanmoins les seuls noms que nous ayons de cette grande première époque de l'art français; si nous ne savons pas quel est l'auteur du magnifique escalier du château de Blois, nous avons le nom de celui qui fut chargé de terminer le célèbre escalier de Chambord, cet escalier merveilleux où deux rampes superposées se déroulent en hélices et passent alternativement l'une sur l'autre sans se réunir. Une pièce des titres Villandry (Bibliothèque nationale), publiée par M. Salmon (bibliothèque de l'École des Chartes), établit que « Anne Gedoyn, veuve de

Jean Breton, Sr de Villandry, comme surin-
tendante des bâtiments de Chambord, et Jean
Grossier, contrôleur des travaux d'une part, et
Mathurin Vennelle, Toussainctz le Bleu, Jehan
Pezay, Jehan du Boys, René Poullet et Martin le
Heurteux, d'autre part, tous maçons tailleurs, en
présence de Jacques Cogneau, maistre maçon d'y-
ceulx édiffices, ont conclu (à la date du 9 mai 1554)
un marché pour différents travaux, cheminées, lucarnes, etc., » enfin « l'*admortissement* d'une petite
viz servant à monter *à la lenterne* de la tour qui
est au-dessus du comble dudict logis, la dicte viz
garnie de piedz d'estrailz, acouldouer, basses,
chappiteaux, arcs-qui-travent, frize et cornise et
au-dessuz de ladicte cornise un couronnement
et au-dessus *une grant fleur de lix* ». Aupara-
vant M. Cartier avait découvert dans un terrier
de la baronnie d'Amboise, à la date de 1536, le
nom du premier architecte de Chambord, Pierre
Nepveu, dit Trinqueau, habitant d'Amboise,
qualifié de maître de l'œuvre de maçonnerie de
Chambord.

Ce ne sont pas les seuls noms que nous possé-
dions; un des plus grands constructeurs de cette
première époque de l'art français a été le cardinal

Georges d'Amboise[1], ministre de Charles VIII, qui a bâti le magnifique château de Gaillon, un chef-d'œuvre, démoli en 1796, comme étant d'architecture barbare et gothique, et l'on a trouvé dans les comptes de construction du château de Gaillon de 1502 à 1520, publiés par M. Deville, mention des différents artistes qui y ont été employés; ils sont presque tous Français : ce sont Guillaume Senault, maistre masson des œuvres du cardinal d'Amboise à Gaillon; Pierre Fain, l'auteur du portique conservé dans la cour de l'École des Beaux-Arts; Pierre Delorme, Colin Byart ou Vyart, de Blois; Pierre Valence, de Tours, tailleur d'ymaiges, charpentier et émailleur de carreaux; Michiel Colombe, Antoine Juste, etc.; nous connaissons encore les noms de deux autres artistes normands qui ont travaillé au palais de justice de Rouen, Roger Ango et Roland Leroux, et de deux artistes picards, Jehan Wast et François Maréchal[2]; l'École bourguignonne qui a

1. Son neveu, Charles d'Amboise, a construit de son côté la partie la plus artistique du beau château de Meillant et du château de Chaumont-sur-Loire.

2. L'École de Picardie peut citer encore des noms des tailleurs d'ymaiges, Ant. Ancquier, Turpin, des Luifort, des Hac; des Huchiers, Boulin et Huet (*Congrès d'Abbeville*, 1895).

produit des œuvres très remarquables à la même époque est représentée par un célèbre huchier, en même temps que « masson », le menuisier Hugues Sambin, qui faisait également bien et sculptait avec le même succès une crédence et un palais[1]. Voilà à peu près tous les noms que l'on peut inscrire sur le livre d'or des origines de l'art français[2]. Ce sont des noms modestes de simples artisans, et cependant l'œuvre qu'ils ont accomplie est de premier ordre. Ce château de Chambord, pour lequel nous avons des attributions certaines, est un chef-d'œuvre splendide[3], et les

1. L'École de Toulouse illustrée par Bachelier mériterait une étude à part comme l'École de Dijon, toutes deux se rattachent à la grande École des bords de la Loire.

2. L'on pourrait trouver encore beaucoup d'autres noms d'artistes dans les registres de comptes des archives de province, comme on l'a déjà fait pour plusieurs régions, soit du Nord, soit du Midi. — Voir la grande publication non terminée de M. Palustre et les comptes rendus de M. Guiffrey dans la bibliothèque de l'École des Chartes. — Voir aussi les « Études artistiques » de M. Houdoy (in-4°, Aubry, 1877).

3. M. Loiseleur en a fait une assez heureuse description : « Au sommet d'une masse imposante de bâtiments, au-dessus de terrasses garnies de balustres élégants, jaillit une incroyable végétation de pierre sculptée, fouillée, travaillée de mille manières. C'est une forêt de campaniles, de cheminées, de lucarnes, de dômes, de tourelles, dentelés, découpés, contournés avec un caprice qui n'exclut pas l'harmonie, ni l'unité.

très modestes Trinqueau et Cogneau, maistres massons, ont accompli une œuvre supérieure à ce qu'ont fait Michel-Ange et Raphaël, ils ont créé la plus belle résidence royale qui existe; c'est à peine si l'on ose comparer à Chambord la plupart des résidences impériales et royales, pas certainement le palais de Schœnbrün, ni celui de Buckingham, pas plus le palais de Saint-Pétersbourg que celui de Berlin, de Copenhague ou de Stockholm; le palais de Rome lui-même, le Quirinal, est presqu'aussi inférieur à Chambord que le palais de Madrid. Et cette pléiade d'hommes de génie inconnus, dont nous avons donné quelques noms, n'a pas produit seulement Chambord, mais des centaines de palais du même ordre, dont les plus connus sont : Blois, Amboise, Azay-le-Rideau, Ussé, Chenonceaux, pour lequel palais on n'a trouvé aucun nom précis de maistre d'œuvre, mais dont la conception est réellement très originale, car c'est un moulin placé sur une rivière que, par sa baguette magique, l'artiste a

L'élégante lanterne à jour du grand escalier domine cet ensemble de pinacles et de clochetons et baigne dans l'azur sa fleur de lis colossale, dernier point pyramidant parmi tant de pyramides, dernière couronne de tant de couronnements. »

transformé en habitation somptueuse, et en palais magnifique[1].

Nous connaissons la plupart des noms des seigneurs qui ont fait construire, mais nous ignorons les noms des artistes qui ont exécuté la plupart de ces chefs-d'œuvre; pour Chenonceaux, c'est Catherine Briconnet, femme du général des finances Thomas Bohyer; mais, quoique l'abbé Chevalier ait fouillé avec soin les archives de Chenonceaux, il n'a pu découvrir le nom des artistes; de même pour Azay-le-Rideau, c'est un autre financier, Gilles Berthelot, parent de Bohyer, qui a fait élever cette magnifique résidence, mais l'on n'a pu trouver les noms des artistes qu'il a employés. L'histoire de la grande École française de Blois, d'Amboise et de Tours est encore à faire, bien qu'on ait fait déjà

---

1. Le château était à peu près terminé en 1517, à cette date François Ier disait : « Considérans que le chastel de Chenonceaux est une belle place et maison assise sur la rivière de Cher, en beau et plaisant pays près de nos fauretz d'Amboise et de Montrichard où nous allons souvent chasser et prendre notre passe-tems et quelquefoys, nous pourrions loger aud. chastel et maison de Chenonceaux tant pour nous et ceulx de nostre compaignie que pour l'aisance de nostre dit conseiller (Thomas Bohier), ses gens et famille, etc. (Décembre 1517) (Chevalier, Archives de Chenonceaux).

des recherches importantes et des découvertes précieuses dans ces dernières années ; tous les noms que nous avons pu citer n'ont pas été trouvés depuis plus de trente ou quarante ans, et il est à espérer que les recherches qui continuent donneront d'heureux résultats. L'école qui a eu le plus d'influence sur l'origine de l'art français et qui lui a donné le plus d'éclat est l'école de Blois et de Tours, mais à côté d'elles il y avait deux ou trois écoles rivales : l'école de Rouen représentée par Ango et Leroux ; l'école de Dijon, ou de Bourgogne, représentée par Sambin, et ces trois écoles avaient elles-mêmes pour origine l'école de Bourges créée par le duc de Berry, et dont les artistes ont rayonné dans l'Auvergne, dans le Bourbonnais et dans le Berry, et ont créé notamment le palais des ducs d'Auvergne à Riom, et le palais des ducs de Berry à Bourges, où l'on voit déjà poindre l'art français, qui prendra son essor au siècle suivant [1].

1. Nous avons dans l'Armorial de Revel une reproduction du palais de Riom et du château de Nonète ; déjà la construction féodale perd son aspect menaçant et rébarbatif, le plan de l'ensemble est toujours à peu près le même, mais les meurtrières commencent déjà à disparaître et l'on voit percer quelques fenêtres, paraître quelques lucarnes qui deviennent

Cette école se personnifie dans la dynastie des Dampmartin, elle se résumera, à la grande époque de l'art français, dans le somptueux palais de Jacques Cœur et dans cinq ou six habitations particulières, dont les plus remarquables sont l'hôtel Lallemant et l'hôtel de Cujas. Le duc de Berry était un plus grand constructeur encore que les cardinaux d'Amboise, et l'on a constaté qu'il a fait élever dix-sept châteaux ou palais dont les plus remarquables sont les deux palais ducaux dont nous avons déjà parlé, le château de Mehun-sur-Yèvre et le château de Nonète, et à ces dix-sept châteaux il faut joindre plusieurs églises, notamment la cathédrale de Bourges, ce magnifique monument à l'achèvement duquel il a contribué. L'école créée par le duc de Berry, et dont l'histoire a été faite d'une manière remarquable par MM. de Champeaux et Gauchery, est une école d'art gothique, mais déjà à demi française, et les artistes employés par le duc de Berry ont été les précurseurs des grands artistes qui ont créé l'art français, ce sont comme eux des maîtres modestes et ignorés, dont MM. de Cham-

d'heureux motifs d'ornementation, où les constructeurs, tailleurs d'ymaiges, montrent leur talent artistique.

peaux et Gauchery ont donné la liste; elle comprend d'abord toute la dynastie des Dampmartin, à commencer par Guy de Dampmartin, maistre de l'œuvre, remplacé ensuite par son frère Drouet de Dampmartin, qui prend la modeste qualité de tailleur de pierres, établi à Jargeau avec ses quatre fils, auxquels vinrent se joindre, pour les divers châteaux construits par le duc, maistre Jean Guérard, maistre Pierre Juglar, puis Jehan de Huy, maistre masson; on remarque encore, parmi les différents artistes employés par le duc, Jehan d'Orléans, son peintre et valet de chambre, Andrieu Beauneveu, ymaigier bien connu, appelé maistre Andriot Beaunevopt de Volenchiennes, dont parle Froissart, comme travaillant au château de Mehun-sur-Yèvre. Plusieurs de ces artistes, qui résidaient soit à Bourges, soit à Jargeau près d'Orléans, soit à Orléans même, ont dû concourir à former l'école dite de Blois et Tours, et qu'il serait mieux d'appeler école des bords de la Loire, car elle s'étend d'Orléans à Nantes, en rayonnant assez loin dans les terres, et elle a semé sur les bords de la Loire ou dans les régions voisines une quantité de chefs-d'œuvre trop longs à énumérer et qui vont d'Orléans, qui renferme tant de maisons particulières de cette grande époque, jusqu'au château de Goulaine peu éloigné de Nantes, en passant par Angers où se trouvent plusieurs hôtels particuliers, œuvres de cette école française si féconde des xvᵉ et xviᵉ siècles. La locution familière est donc bien juste lorsque, pour indiquer de beaux monuments, elle parle des châteaux des bords de la Loire, elle devient inexacte lorsque l'homme instruit, pour montrer son savoir, ajoute : œuvres de la Renaissance, l'expression Renaissance n'ayant d'autre sens que renaissance de l'art antique, car tous ces châteaux, ces hôtels, ces monuments n'ont rien de l'art antique et sont l'œuvre d'une école exclusivement française.

Cette opinion n'est point exclusivement spéciale à l'auteur de cette étude, elle n'avait jamais été posée en principe, mais elle avait été exprimée indirectement par plusieurs savants, parmi lesquels il se plaît à citer M. Müntz[1], le maître de

1. M. Müntz a dit dans son discours aux Sociétés des Beaux-Arts des départements, en 1890 : « Rien ne ressemble moins aux palais de l'Italie que les châteaux de Blois, d'Amboise, de Chambord, de Chenonceau, etc., ces merveilles de l'art de bâtir sont foncièrement françaises... elles sont fouillées, savoureuses et pittoresques, tandis que les édifices similaires de

la Renaissance italienne, dont l'ouvrage fait autorité en cette matière comme l'ouvrage de Viollet-le-Duc pour l'archéologie française. Viollet-le-Duc acceptant ce principe erroné, à notre avis, que l'archéologie ne doit pas dépasser les limites du moyen âge, n'aborde pas l'époque dite de la Renaissance et ne s'occupe que de l'art gothique et de l'architecture féodale ; mais à différents articles de son grand Dictionnaire, à l'article châteaux notamment, il est amené à parler du château de Chambord et d'autres châteaux du même style ; il reconnaît que c'est une œuvre très remarquable, contraire à toutes les règles et à toutes les traditions de l'art antique, et que c'est l'œuvre d'un illustre inconnu français de l'École des bords de la Loire[1] ; et

l'Italie se distinguent par la recherche de la simplicité et de la pureté des lignes, une pureté qui dégénère de plus en plus en froideur et en monotonie. » (Plon et Nourrit, 1890.) — L'auteur de cette étude considère ce passage du remarquable discours de M. Müntz comme très favorable à sa théorie.

1. « C'est quelque maître des œuvres français, quelque Claude ou Blaise de Tours ou de Blois qui aura bâti Chambord. » T. III, page 188. Viollet-le-Duc. — Nous connaissons le vrai nom de Claude et de Blaise, que Viollet-le-Duc avait devinés d'après le style du monument ; c'est en effet deux maîtres de l'Ecole des bords de la Loire, Pierre Trinqueau et Jacques Cogneau, illustres inconnus, artistes de génie ignorés jusqu'ici !

après avoir énuméré plusieurs des constructions de même style et de même genre de cette grande époque, il arrive à cette conclusion que l'art civil français est supérieur à l'art de toutes les autres nations; « le château français, dit-il, dès cette époque jusqu'au xviiie siècle, fournit des exemples fort remarquables et très supérieurs à tout ce que l'on trouve en ce genre en Angleterre, en Italie et en Allemagne » (Viollet-le-Duc, *Dictionnaire raisonné d'architecture,* t. III, p. 190). Dans un autre endroit, il constate que ces beaux monuments doivent beaucoup plus à l'art féodal du xve siècle qu'à l'imitation des artistes italiens.

Le système soutenu par l'auteur de cette étude s'appuie donc sur la plus grande autorité en cette matière; l'on peut conclure de ces citations de Viollet-le-Duc qu'il existait au xve et au xvie siècle une école française de premier ordre, et il est à regretter que, dans son grand ouvrage, il n'ait pas plus développé cette idée, mais il ne voulait pas dépasser les limites du moyen âge, subissant l'influence des écoles qui placent à cette époque les colonnes d'Hercule de l'archéologie.

C'est à cette époque, au moment où l'art gothique civil, l'art féodal s'efface peu à peu, que prend naissance l'art non plus international comme l'art gothique, mais exclusivement français.

L'histoire de l'art français peut se diviser en six époques ou périodes bien distinctes par le style même des monuments. C'est au xve siècle que commence la première époque, et l'on peut dire la plus brillante époque de l'art français ; elle se prolonge pendant le xvie siècle, durant encore alors que l'ère de la Renaissance véritable a déjà commencé : il est absolument impossible pour ces époques artistiques de fixer des dates précises, parce qu'au moment où s'élève un grand monument de la Renaissance, les Tuileries, par exemple, à Paris, en même temps à Rouen, à Toulouse, à Dijon ou à la Rochelle ou encore à Paris même, on a pu élever un de ces précieux monuments de l'art français, n'ayant aucun caractère classique, et de même pour les autres époques. La deuxième époque est la Renaissance proprement dite, qui fleurit au xvie siècle sous Philibert Delorme, Lescot, Bullant. La troisième époque de l'art français est l'époque dite de Henri IV et de Louis XIII, qui se résume dans la place Royale à

Paris (xviie siècle). Une grande époque lui succède, l'époque dite de Louis XIV qui se résume dans le château de Versailles.

Au xviiie siècle naissent deux autres époques artistiques bien connues, celles de Louis XV et de Louis XVI, qui, comme toutes les autres époques de l'art français, trouvent leur expression non seulement dans les constructions, mais aussi dans les meubles, dans les bijoux, dans les vêtements, dans tout ce qui constitue la vie sociale.

Après ces six époques très brillantes de l'art français, on a fait un nouveau retour vers l'antiquité, l'on ne s'est pas contenté, comme à la première renaissance de l'art antique, d'imiter les anciens monuments, de s'inspirer du génie des artistes grecs, romains, et aussi des artistes italiens qui ont précédé les autres peuples dans cette voie d'adaptation de l'art antique, on a fait des copies pures et simples des monuments grecs ou romains, non seulement pour les monuments civils, mais aussi pour les églises.

On s'est assez vite dégoûté du reste de cette école gréco-romaine, qui a régné au commencement du xixe siècle, et l'on est revenu à un système éclectique qui a permis de réaliser des progrès dans les arts, en utilisant les nouvelles découvertes scientifiques. Aujourd'hui même l'art français, avec ses caractères multiples et un peu disparates, tient encore le premier rang dans le monde[1].

1. L'Opéra de Paris est, d'un avis presque unanime, le plus beau théâtre qui existe.

Observation sur le style des différentes époques de l'art français et sur les deux photographies qui servent de pièces de comparaison entre la première époque, avènement de l'art français et la seconde époque, la Renaissance proprement dite.

Après les trois siècles de l'art gothique qui n'a pas été spécial à la France, mais qui lui a donné de très beaux monuments, s'ouvre l'ère nouvelle de l'art français, la première époque, qui est une très belle époque, mal connue, mal étudiée, en tout cas mal déterminée par ceux qui en ont parlé ; comme elle tient évidemment de l'art gothique, on l'a appelée quelquefois la Renaissance semi-gothique, on pourrait plutôt l'appeler du nom des artistes qui l'ont illustrée, l'époque des tailleurs de pierre ou tailleurs d'ymaiges, car tous les auteurs de ces chefs-d'œuvres d'architecture étaient simplement des tailleurs de pierre ou tailleurs d'ymaiges, et ils ont couvert les monuments de cette époque de charmantes sculptures bien différentes de celles de l'Ecole italienne ; c'est en tout cas une époque de transition entre l'art gothique et la Renaissance.

On ne peut distinguer les différentes époques de l'art français que par le style et non par les dates ; on a élevé souvent sous Louis XIV des constructions style Louis XIII, et sous Louis XV des hôtels style Louis XIV. Les diverses époques s'enchevêtrent les unes dans les autres et ne peuvent pas êtres fixées à des dates précises.

Pour la première époque, avènement de l'art français, époque de transition entre l'art gothique et la renaissance, le type est Chambord pour les châteaux, l'hôtel de Jacques Cœur pour les hôtels, la maison d'Agnès Sorel pour les maisons : c'est le style de Chambord.

Pour la deuxième époque, la Renaissance française, époque de Philibert Delorme, Bullant, Pierre Lescot, le style est le style des Tuileries, du Louvre, d'Ecouen, bien que ce dernier château présente certains caractères de la première époque.

Pour la troisième époque, le style dominant est celui de la place Royale à Paris; pour la quatrième, le style de Versailles. La cinquième et la sixième époque bien connues sont représentées par plusieurs artistes et par un grand nombre de monuments à Paris et en province.

— Les deux vignettes sont des termes de comparaison entre ces deux époques, la première époque, avènement de l'art français, Chambord; la deuxième époque, la Renaissance. L'auteur aurait pu donner comme type de la Renaissance la vue des Tuileries d'après du Cerceau, mais il a préféré le monument le plus célèbre reconnu par tous comme un chef-d'œuvre, le palais de la Chancellerie par Bramante. — Pour un architecte de la Renaissance comme Philibert Delorme, Bramante est le maître, la Cancelleria est le modèle par excellence. Quant aux tailleurs d'ymaiges ou maistres de massonerie comme Trinqueau et Cogneau, les constructeurs de Chambord, ils s'inquiétaient très peu de ce qu'on faisait en Italie.

La photographie de Chambord, prise du côté de la cour des écuries, représente particulièrement la lanterne et tout le riche développement du faitage du château.

On pourrait objecter que le palais de la Chancellerie n'est pas un château comme Chambord, mais le château le plus célèbre d'Italie est construit dans le même style : c'est le château de Caprarola, le chef-d'œuvre de Vignole.

Paris. — Typ. Chamerot et Renouard. — 37145.